# COLLECTION

## DES

# LIVRETS

### DES

## ANCIENNES EXPOSITIONS

#### depuis 1673 jusqu'en 1800

## SALON DE 1791

### IV

# PARIS

### LIEPMANNSSOHN ET DUFOUR

#### ÉDITEURS

11, rue des Saints-Pères

### AVRIL 1869

# EXPOSITION

## DE 1737

—

## IV

# COLLECTION

### DES

# LIVRETS

### DES

## ANCIENNES EXPOSITIONS

### DEPUIS 1673 JUSQU'EN 1800

## EXPOSITION DE 1737

## PARIS

### LIEPMANNSSOHN ET DUFOUR

#### ÉDITEURS

11, rue des Saints-Pères

### AVRIL 1869

# NOMBRE DU TIRAGE

## DU LIVRET DE 1737.

400 exemplaires sur papier vergé.
25 — sur papier de Hollande.
10 — sur chine.

N°

Ce livret est vendu seul 2 fr. 5o.

# NOTICE BIBLIOGRAPHIQUE.



LIVRET :

Iｌ y a deux éditions du livret de ce Salon. Elles portent toutes deux un titre identique. Celle qui peut être regardée comme la première ne contient pas *l'Addition des ouvrages de Messieurs les agréés de l'Académie* qui fut ajoutée sur la deuxième. Nous avons noté plusieurs différences de détail entre les deux éditions; quelques-unes ne méritent même pas d'être citées. Voici les seules qui puissent offrir quelque intérêt : Seconde feneſtre à gauche (p. 25), au lieu de la Comteſſe de Marchainville par M. Tocqué, la 1ʳᵉ éd. dit : *de Margenville*. Peu avant l'addition des ouvrages des agréés (p. 3o), la mention d'un sujet allégorique sur la paix ne contient pas sur la première édition cette mention qui la termine sur la deuxième : « *par M. Dandré Bardon, Adjoint Profeſſeur.* »

La première édition a 22 pages et 2 d'arrêt du Conseil suivi du privilége. C'est la première fois qu'on voit apparaître cet arrêt du Conseil à la suite des livrets, et cela se, conçoit, puisqu'il est daté du 28 juin 1714, et que de 1704 à 1737, s'il y eut des expositions de l'Académie, il n'y eut pas de livret pour les trois salons qui s'ouvrirent dans cet intervalle de temps. Cet arrêt suivi du privilége se trouve reproduit à la fin de la plupart des livrets du XVIII<sup>e</sup> siècle. Nous ne le réimprimerons pas chaque fois; mais il en sera toujours fait mention dans la Notice bibliographique. La deuxième édition du livret de 1737 a 24 pages et 2 d'arrêt et de privi-lége. C'est le texte de ce tirage que nous avons réimprimé.

CRITIQUES :

Le *Mercure de France*, numéro de septembre.

GRESSET. Vers sur l'exposition des tableaux faite au Louvre en 1737; publiés chez Prault père, 8 p., puis dans les *Amusements du cœur et de l'esprit*, t. II, p. 403, et ensuite dans toutes les éditions de ses œuvres.

*Réponse aux vers de M. Gresset* sur les tableaux exposés à l'Académie Royale de Peinture au mois de septembre 1737 (par M. du Château, avocat). Paris, Nic. Leclerc, 1737. Brochure de 11 pages (en vers).

# EXPLICATION

## DES PEINTURES

### SCULPTURES

ET AUTRES OUVRAGES

DE MESSIEURS

DE L'ACADÉMIE ROYALE

Dont l'expofition a été ordonnée fuivant l'intention de SA MAJESTÉ, par Monfeigneur ORRY, Confeiller d'État, Contrôleur General, et Directeur General des Bâtimens, Vice-Protecteur de l'Académie; dans le grand Salon du Louvre, à commencer au 18. Aouft prochain, jufqu'au premier Septembre de la préfente année 1737.

A PARIS, RUE S. JACQUES

De l'Imprimerie de JACQUES COLLOMBAT, Premier Imprimeur du Roy, de la Maifon de SA MAJESTÉ, & de l'Académie Royale de Peinture & Sculpture.

M. DCC. XXXVII.

*AVEC PRIVILÉGE DU ROY*

# AVERTISSEMENT.

Comme l'Expoſition ſe fait dans un grand Salon
quarré, & que M. Stiemar, chargé du ſoin de cettè
Décoration, a été obligé, pour garder l'ordre & la
ſimétrie, de placer de côté & d'autre, les Ouvrages
d'un même Auteur, l'on a eu attention dans cette
Deſcription, de déſigner la hauteur & largeur de tous
les Tableaux de grandeur extraordinaire, & à l'égard
des autres dont les formes ſont moyennes & petites,

*on ne pourra manquer de les reconnoître; ayant le Livre à la main, & de les trouver, par l'arrangement indiqué, qui y est exactement observé.*

# EXPLICATION

*Des Peintures, Sculptures, & autres Ouvrages de Meſſieurs de l'Académie Royale.*

La Protection ſinguliere dont le Roy a toujours honoré l'Académie Royale, & ſon goût décidé pour les beaux Arts, ne pouvoient mieux ſe manifeſter que par les ordres qu'il a donnez de faire une Expoſition de Tableaux & Sculptures, dans le grand Salon du Louvre. L'attention de ce ſage Monarque, pour entretenir l'émulation entre les habiles Peintres & Sculpteurs de ſon Royaume, eſt l'effet & la ſuite d'un miniſtere qui fera à jamais l'ornement de l'Hiſtoire, comme il fait le bonheur des Peuples. Le Public auſſi éclairé qu'équitable, en prenant part à la célé-

brité de la Fête, reverra avec plaiſir les travaux des
Excellens hommes qui ont déja mérité ſes ſuffrages, &
connoîtra par les progrès ſucceſſifs de leúrs talens,
qu'ils ont formé ceux dont les Ouvrages paroiſſent
pour la premiere fois dans ce lieu conſacré aux
Muſes.

### SUR LA CORNICHE

#### A droite de l'Eſcalier.

Un grand Tableau de 15. pieds ſur 10. de haut, repreſentant un Cerf arrêté par les chiens. De M. *Oudry*,
Académicien.

L'Aſſomption de la Vierge, deſtinée pour la Char-
treuſe de Lyon, en hauteur de 18. pieds ſur 8. par
M. *Tremolieres*, Adjoint Profeſſeur.

S. François prêchant devant le Soudan d'Egypte,
de 15. pieds ſur 9. de haut, par M. *Dumont*, Académicien.

### PREMIER RANG

#### Sous la Corniche.

La Naiſſance de Venus, par M. *Caʒes*, Adjoint à
Recteur.

Un Dejeûné de Chaſſe.

L'Evanoüiſſement d'Eſther, de 14. pieds ſur 10.
d'hauteur. La Mort d'un Cerf par M. *de Troy*, Profeſſeur.

Le Baptême de J. C. par S. Jean, de 9. pieds ſur
7. de large, ceintré au-deſſus, par M. *Dumont, le Romain*, Profeſſeur.

### SECOND RANG.

Madame de Montmartel en Veſtale, au-deſſous un Bain de Diane, par M. *Van-Loo le pere*, Profeſſeur.

A côté, un Baſſin de Vermeil. Deux bas Reliefs peints, dont l'un en Bronze, & l'autre en Bronze doré, par M. *Deſportes le pere*, Conſeiller de l'Académie.

Le Sacrifice d'Iphigenie, par M. *Coypel*, ancien Profeſſeur.

Au deſſous ; Daniel dans la foſſe aux Lions.

La ſainte Famille, & un Ange tenant des Ceriſes que S. Joſeph preſente à l'Enfant Jeſus.

Le charitable Samaritain, par M. *Chriſtophe*, Adjoint à Reſteur.

Le grand Seigneur donnant un Concert à ſa Maîtreſſe, par M. *Carlo Van-Loo*, Profeſſeur.

Au-deſſous, un deshabillé de Bal, par M. *de Troy*, Profeſſeur.

Joſeph fauſſement accuſé par la femme de Putiphar, de M. *Coypel*, ancien Profeſſeur.

Plus bas, une Fille tirant de l'eau à une Fontaine.

Une petite Femme s'occupant à ſavonner, par M. *Chardin*, Academicien.

Au milieu, une petite Liſeuſe, par M. *de Troy*, Profeſſeur.

Tout au-deſſous, un bas relief peint en marbre, par M. *Deſportes le pere*, Conſeiller de l'Académie.

### REPRENANT LA SUITE
#### du ſecond rang.

Le Grand Seigneur qui fait peindre ſa Maîtreſſe, par M. *Carlo Van-Loo*, Profeſſeur.

Au-deſſous, une Toilette de Bal, par M. *de Troy*, Profeſſeur.

Roland apprenant par les Bergers la perfidie d'Angelique & ſa fuite avec Médor, par M. *Coypel*, ancien Profeſſeur.

Au-deſſous, Io enlevée par Jupiter, par M. *Natoire*, Profeſſeur.

Des Nayades, par M. *de Favanne*, Profeſſeur.

Une Alte de la maiſon du Roy, dont les Grenadiers à Cheval font le ſujet principal, par M. *Parocel*, Conſeiller de l'Académie.

Au deſſous, l'éducation de l'Amour, par M. *Dumont, le Romain*, Profeſſeur.

Apollon qui montre à jouer de la Lyre à l'Amour, par M. *Restout*, Profeſſeur.

Diane déſarmant l'Amour, par M. *Tremolieres*, Adjoint Profeſſeur.

GRANDE FACE du côté de la Cour.

Sur la Corniche.

La Noce de Daphnis & Cloé, par M. *Jeaurat*, Adjoint Profeſſeur.

DANS L'ENCOIGNEURE sur l'Eſcalier.

Le Portrait de M. Caron en noir, par M. *Aved*, Académicien.

La Sainte Vierge avec l'Enfant Jeſus, de M. *Courtin*, Académicien.

Au-deſſous, un Marchand de Médaille en habit de Pelerin, par M. *Geuſlain*, Académicien.

Le Portrait de M. le Reĉteur de l'Univerſité, avec

fes habits de céremonie, par M. *Bouys*, Confeiller de l'Académie.

Dans la premiere embrafure fur l'efcalier à gauche.

Le Frere Hilarion, Recolet, en Oculifte, tenant un œil, par M. *Allou*, Académicien.

Au-deffous, un Jeune Homme s'amufant avec des cartes. Par M. *Chardin*, Académicien.

Le Portrait en petit de S. A. S. Madame la Ducheffe mere, en habit de veuve. Par M. *Gobert*, Confeiller de l'Académie.

Une Piramide & Architecture, du Chevalier *Servandoni*, Académicien.

### PREMIER TRUMEAU.

M. Dupleix, Fermier General.

Mademoifelle Loys en Laitiere. Par M. *Aved*, Académicien.

Au deffous, M. l'Abbé de Thefu, Confeiller d'Etat. Par M. *Geuflain*, Académicien.

La Juftice qui châtie l'Injuftice. Par M. *Nattier*, Académicien.

Un Tableau repréfentant une Baffe de Viole, un Tapis de Velours, du Gibier, des Fruits, dans un fond de Payfage. Par M. *Defportes le pere*, Confeiller de l'Académie.

Aux deux côtez, deux Payfages. De M. *De Chavanne*, Académicien.

Plus bas, la Fable du Coq, avec un pot de fleurs. Par M. *Huilliot*, Académicien.

Au-deffous, un Payfage, de M. *Francifque Millet*, Académicien.

Deux fujets en efquiffe de l'Hiftoire de Cyrus. Par M. *Collin de Vermont*, Adjoint Profeffeur.

### Seconde fenestre

Sur la Corniche.

Un grand Tableau, repréfentant un Cheval, richement orné, conduit par un Négre, plufieurs autres Animaux, Poiffons, Plantes, Fleurs & Fruits des Indes, par M. *Defportes le pere*.

### Dans l'embrasure, à gauche.

Au-deffus, le portrait en ovale de Mademoifelle De la Haye, Joailliere, par M. *De Lyen*, Académicien.

Au-deffous, une Moiffon, par M. *de Chavanne*, Académicien.

Un fujet d'Architecture & de Payfage, par M. *De la Joue*, Académicien.

Et plus bas, une Garde avancée de Cavalerie, par M. *Parocel*, Confeiller de l'Académie.

### A droite, au-deffus.

Monfieur l'Abbé de Sainte-Geneviéve, par M. *Geuflain*, Académicien.

Plus bas, un Amufement champêtre, par M. *de Chavanne*, Académicien.

Un clair de Lune, par M. *De la Joue*, Académicien.

Et au-deffous, un Camp de Gardes Suiffes du Roy, avec un de leurs Officiers conduifant des Dames, par M. *Parocel*, Confeiller de l'Académie.

## Second Trumeau.

M. de Villemur, Fermier Général; Madame son Epouse & son Fils, par M. *Geuslain*, Académicien.

Au-dessous, Madame Arignon, par M. *De Lyen*, Académicien.

Madame la Marquise de Thibouteau, par M. *Tocqué*, Académicien.

Un bas relief à fond de Lapis, avec un Tapis vert, orné de Figures, de Vases, Fruits, Fleurs, &c., par M. *Desportes le Pere*, Conseiller de l'Académie.

D'un côté, quatre sujets de l'Histoire de Cyrus, par M. *Collin de Vermont*, Adjoint Professeur.

Deux sujets de Fleurs & de Fruits, par M. **Huilliot**, Académicien.

Un sujet de Cyrus, par M. *Collin de Vermont*.

### Sur la Corniche.

Les bonnes œuvres des Filles de S. Thomas de Villeneuve, leur Protecteur, de vingt pieds sur douze de haut, par M. *Dandré Bardon*, Adjoint Professeur.

### Au-dessus de la troisiéme croisée.

Le Gland & la Citrouille, par M. *Oudry*, Académicien.

### Dans le fond de la croisée.

Un Christ en Croix, de huit pieds de haut, par M. *Van-Loo le Pere*, Professeur.

Le Buste, en terre cuite, de M. de Largilliere, Chancelier de l'Académie, par M. *Lemoyne Pere*, Professeur.

IV.                                                    2*

Derriere, un fujet d'Architecture & ruine, de M. *Servandoni*.

A gauche, deux Tableaux de Fleurs, Fruits, Vaiffelle & Gibier, par M. *Defportes le Pere*, Confeiller de l'Académie.

Au-deffous, une Ruine, de M. *Servandoni*.

A droite, deux Tableaux repréfentant des Légumes & Animaux étrangers, par M. *Defportes le Pere*.

La famille de M. *De la Joue*, Académicien, peint par lui-même.

Au-deffous, un retour de Chaffe en Efquiffe, par le même.

### TROISIÉME TRUMEAU.

Le Portrait de M. de Creil, Maréchal de Camp & Commandant des Grenadiers à Cheval, par M. *Geuflain*, Académicien.

Un Chimifte dans fon Laboratoire, par M. *Chardin*, Académicien.

Au deffous & de chaque côté, quatre Tableaux ceintrés, repréfentant divers fujets champêtres, par M. *Boucher*, Profeffeur.

Un fujet de la fuite de Cyrus, par M. *Collin de Vermont*, Adjoint Profeffeur.

La rencontre d'Efau & de Jacob; Laban qui cherche fes Dieux, par M. *Jeaurat*, Adjoint Profeffeur.

Au milieu, un petit Enfant avec des attributs de l'enfance, par M. *Chardin*, Académicien.

A côté, quatre fujets de la fuite de Cyrus, par M. *Collin de Vermont*.

### Sur la corniche

#### au deſſus de la Porte.

Un Buffet, par M. *Oudry*, Académicien.

Au-deſſous, Saint Claude Archevêque de Beſançon, reſſuſcitant un Enfant qui lui eſt préſenté par ſa mere, en hauteur de ſept pieds ſur cinq de large, par M. *d'Ulin*, ancien Profeſſeur.

Un Feſtin de Nôces de Village, ceintré haut & bas, par M. *Lancret*, Conſeiller de l'Académie.

#### Sur la Corniche.

Les Nymphes tutelaires du Païs préſentent Daphnis & Cloé à l'Amour; ce Dieu les touche d'une fléche, & les deſtine à garder les Troupeaux, par M. *Jeaurat*, Adjoint Profeſſeur.

A côté, un Dogue combattant contre un Cygne, par M. *Oudry*, Académicien.

#### Sous la Corniche.

Un tableau de 6. pieds ſur 5. de large, repreſentant Mademoiselle de Lambeſc, de la Maiſon de Lorraine, ſous la figure de Minerve, armant & deſtinant M. le Comte de Brionne, ſon frere, au mêtier de la Guerre, par M. *Nattier*, Académicien.

A côté un Tableau de 6. pieds ſur 8. de large repré-ſentant la Famille de M. le Duc de Valentinois, par M. *Gobert*, Conſeiller de l'Académie.

Deux ſujets champêtres & ceintrés.

Amphitrite ſur les Eaux.

Diane au Bain, par M. *Natoire,* Profeſſeur.

Au-deſſous, deux ovales, dont l'un repreſente

l'homme entre deux âges ; l'autre le Chien fecouant des Pierreries, tiré de la Fontaine, par M. *Boifot*, Académicien.

Au milieu, une petite Fille affife, s'amufant avec fon déjeûné, par M. *Chardin*, Académicien.

A gauche, quatre Sujets de la fuite de Cyrus, par M. *Collin de Vermont*.

A droite, le Siége de Bordeaux par Clovis, de 8. pieds fur 7. de large, par M. *Natoire*, Profeffeur.

Au-deffous, un Officier qui rallie fa troupe, par M. *Parocel*, Confeiller de l'Académie.

Diane furprife au Bain par Acteon, de M. *Jeaurat*, Adjoint Profeffeur.

Deux fuites de Cyrus, par M. *Collin de Vermont*.

Sur la Corniche de la face en entrant.

Le Martyre de Saint Eutrope, premier Evêque & Apôtre de la Xaintonge, de 9. pieds fur 8. de haut, par M. *Delobel*, Académicien.

Le Baptême de J. C. par Saint Jean, de 21. pieds fur 12. de haut, par M. *Reflout*, Profeffeur.

Melchifedech facrifiant au Seigneur du Pain & du Vin ; Tableau en hauteur, par M. *Courtin*, Académicien.

Au coin de la même face à gauche.

Le Portrait de Madame la Ducheffe de Gontaud, par M. *Gobert*, Confeiller de l'Académie.

A côté, Madame la Marquife d'Uffé, par M. *Nattier*, Académicien.

Au-deffous, Moyfe trouvé fur les Eaux par la Fille de Pharaon, Mardoché montant le Cheval du Roy revêtu d'habits Royaux, conduit par Aman dans les Places de la Ville de Suze, par M. *Le Clerc*, ancien Profeſſeur.

Plus bas, Telemaque déclare imprudemment ſa paſſion à Eucaris.

Telemaque prend l'Amour pour un Enfant ordinaire; il reſſent ſon pouvoir ainſi que Calypſo & ſes Nymphes, par M. *de Favanne*, Profeſſeur.

A côté, une petite Fille jouant au Volant, par M. *Chardin*, Académicien.

Au-deſſous, trois Tableaux; une Danſe au Tambourin; un Colin-Maillard; & un Sujet Champêtre par M. *Lancret*, Conſeiller de l'Académie.

### Sous la Corniche

Au-deſſus de la premiere Porte.

Jupiter & Junon, par M. *Carlo Van-Loo*, Profeſſeur.

Au-deſſous, le Secret & la Prudence, par M. *Reſtout*, Profeſſeur.

Plus bas, Notre Seigneur ſortant du lac de Geneſareth, qui guerit pluſieurs Malades, par M. *d'Ulin*, ancien Profeſſeur.

Et au-deſſous, Abraham proſterné devant les Anges.

Rebecca donnant à boire à Eliezer, par M. *Dumont, le Romain*, Profeſſeur.

Trumeau du milieu entre les deux Portes.

Le Portrait de M. Maſſé, de l'Académie, Peintre en Mignature.

M. Rindvel, Hollandois, en pied, jouant de la Viole.

M. Nerault, Garde-Meubles du Roy, & Chevalier de l'Ordre de Saint Michel, par M. *Tocqué*, Académicien.

Au-deſſous, un Déjeûné de Chaſſe, ceintré haut & bas, de neuf pieds ſur huit de large, par M. *Carlo Van-Loo*, Profeſſeur.

Au-deſſus & de chaque côté, deux Portraits des Enfans de M. Deleſtre, ancien Secretaire du Conſeil, par M. *de Lyen*, Académicien.

Plus bas d'un côté, Une deſcente de Croix, par M. *Collin de Vermont*, Adjoint Profeſſeur.

De l'autre, S. Paul Hermite, par M. *Reſtout*, Profeſſeur.

De chaque côté, Deux petits Ovales, repreſentant les quatre Saiſons, par M. *Boucher*, Profeſſeur.

Au-deſſous, deux ſujets de la ſuite de Cyrus, par M. *Collin de Vermont*.

Au milieu, Un ſujet d'Architeĉture, par M. *Servandoni*.

### Sur la ſeconde Porte.

Minerve qui enſeigne une Nymphe à faire de la Tapiſſerie, ceintré haut & bas.

Les caraĉteres de Theophraſte, auſſi ceintré, par M *Tremolieres*, Adjoint Profeſſeur.

Au-deſſous, la maladie d'Antiochus, cauſée par l'Amour qu'il portoit à Stratonice ſa belle mere, par M. *Collin de Vermont*, Adjoint Profeſſeur.

### Au bas & dans l'embraſure de la Porte.

Deux Tableaux dont l'un repréſente un Singe, qui renverſe un panier de Figues, beaucoup d'autres Fruits & du Gibier.

L'autre, une Fontaine & un Baſſin de Pierre, dans lequel un Chien boit, des fleurs de Pavot, une botte d'Aſperge & du Gibier, par M. *Deſportes le fils*, Académicien.

### SOUS LA CORNICHE

#### Après la ſeconde porte.

Le Portrait de M. le Duc de Briſſac.

M. de Sauroy le Fils.

Au-deſſous, Madame Tiſſet joüant de la Vielle, par M. *de Tourniere*, ancien Profeſſeur.

A côté, Enée chez Didon, Reine de Cartage, à laquelle il se découvre. Le moment où Didon careſſe l'Amour ſous la figure d'Aſcagne, tiré du premier Livre de l'Eneïde de Virgile.

Un Payſage ceintré de tous côtez, par M. *Galloche*, Profeſſeur.

Au bas, M. de Villette, Directeur des Poſtes de Lyon.

A côté, une Dame & ſon Fils, par M. *de Tourniere*, ancien Profeſſeur.

Au-deſſous, un ſujet de la ſuite de Cyrus, par M. *Collin de Vermont*, Adjoint Profeſſeur.

Un Payſage avec des Moutons ſur le devant, d'après nature, par M. *Oudry*, Académicien.

#### A côté, & dans l'encoigneure.

M. Henain, Chevalier de Saint Louis, ancien Capitaine de Cavalerie, par M. *Jouvenet*, Académicien.

Au bas, Madame Allou deſſinant une figure d'Optique, par M. *ſon Mary*, Académicien.

M. de Lyen, par luy-même.

Et au-deſſous, une Penſée Allégorique en Eſquiſſe, ſur la réünion de la Lorraine à la France, ſous le Miniſtere de Monſeigneur le Cardinal de Fleury, par M. *Delobel*, Académicien.

### Dans l'embrasure

de la premiere Fenêtre du côté de l'eau.

A gauche, une femme badinant avec un Ecureüil, par M. *Courtin*, Académicien.

Au bas, un Philoſophe, par M. *Aved*, Académicien, ſon Beau-frére.

A droite, une femme regardant deux Serins, par M. *Courtin*, Académicien.

Au-deſſous, l'Adoration des Rois, vis-à-vis la Préſentation de N. S. au Temple, par M. *Courtin*, Académicien.

Plus bas, Madame Des Broſſes, petite fille de M. Baron Comédien célebre, par M. *de Tourniere*, ancien Profeſſeur.

### Dans l'Embraſure de la Fenêtre.

A gauche, deux petits Groupes de fantaiſie en terre cuite, l'un repreſentant une fille qui friſe ſon Amant; l'autre une fille tenant un Lapin, qu'un jeune homme veut lui arracher, & l'Amour témoin de leur ſcene.

Un fleuve auſſi en terre cuite, par M. *Le Lorrain*, l'un des quatre Recteurs de l'Académie.

Auprès, un Groupe en modéle repreſentant un Chaſſeur prenant un Lyon dans les filets, qui eſt exécuté en grand, à Gros-bois, par M. *Adam l'aîné*, Adjoint à Profeſſeur.

SUR LA CORNICHE

du côté de la Riviere.

Un Chriſt que l'on met au sepulchre, par M. *Lamy*, Académicien.

Au-deſſous de la Corniche, ſur le premier
Trumeau.

Un Tableau de Famille, par M. *Delobel*, Académicien.

Plus bas, la Reine Hecube, femme de Priam, faiſant préſenter au Palladium une de ſes plus belles robes, pour obtenir ſa proteĉtion pour la Ville de Troyes, par M. *Le Clerc*, ancien Profeſſeur.

A côté les Dieux qui coupent les aîles à l'Amour, pour l'empêcher de remonter au Ciel, par M. *Collin de Vermont*, Adjoint Profeſſeur.

Plus bas, Adolonime travaillant dans ſon jardin, que l'on vient chercher pour mettre ſur le Thrône de Sidon conquis par Alexandre, par M. *Reſtout*, Profeſſeur.

Au-deſſous, Renaud & Armide; Pyrame & Thisbé, par M. *Collin de Vermont*, Adjoint Profeſſeur.

SECONDE FENESTRE

à gauche.

Le Portrait de M. le Duc de Biſache, par M. *Aved*, Académicien.

Au-deſſous, le Pere Auguſtini, Carme de la Place Maubert, par M. *Jouvenet*, Académicien.

Et au-deſſous, Madame la Comteſſe de Marchainville, par M. *Tocqué*, Académicien.

A droite, Mademoifelle de Seyne, femme du fieur Dufrefne, par M. *Aved*, Académicien.

Plus bas, Mademoifelle Gauthier, par M. *Drouais*, Académicien.

Et au-deffous, Madame Naux, par M. *Tocqué*, Académicien.

### Dans la mesme fenestre.

Deux Elémens en Bufte, l'un defquels repréfentant l'Eau, eft en marbre.

Un Groupe en modéle, repréfentant Neptune & Amphitrite orné de plufieurs Tritons & Monftres Marins, que l'Auteur exécute actuellement en grand au milieu du Baffin, à la porte du Dragon, dans le Jardin de Verfailles, par M. *Adam l'aîné*, Adjoint Profeffeur.

### Sur la Corniche.

Saint Charles Borromée en prieres, par M. *Dandré Bardon*, Adjoint Profeffeur.

### Second Truneau.

Thetis, qui après s'être changée en Lion, en Feu, & en diverfes autres Figures, pour s'échaper du lien avec lequel Pelée la tient ferrée, eft forcée de confentir à l'époufer, par M. *de Favanne*, Profeffeur.

Au-deffous & de chaque côté, un Chrift en Croix, par M. *Reftout*, Profeffeur.

S. Charles Borromée Archevêque de Milan, lorfqu'il fait ceffer la Pefte par fes prieres, par M. *d'Ulin*, ancien Profeffeur.

Au-deffous à gauche : Les adieux d'Hector & d'An-

dromaque, par M. *Collin de Vermont*, Adjoint Profeſſeur.

A droite, Joſeph avec la femme de Putifar, par
M. *Dumont*, Académicien.

Et au-deſſous, l'Enlevement d'Europe. Venus ſur
les eaux, par M. *Maſſe*, Académicien.

### Dans la troisiéme embrasure.

A gauche; le Portrait en Buſte de Monſeigneur le
Duc de Chartres, par M. *Delobel*, Académicien.

Plus bas; Madame Jouvenet, par M. *ſon mary*,
Académicien.

A droite; le Portrait de M. Salior, Tapiſſier ordinaire du Roy, par M. *Delobel*, Académicien.

Plus bas : M. Jouvenet Académicien, par *luy-même*.

Et au-deſſous, dix ſujets; les Œuvres en gravûres,
de M. *L'Epicié*, Secretaire de l'Académie.

Et vis-à-vis, trois ſujets; les Œuvres en gravûres,
de M. *Moyreau*, Académicien.

Au-deſſous, deux ſujets; les Œuvres en gravûres, de
M. *Cars*, Académicien.

### Dans la mesme embrasure.

Deux Buſtes moulez, dont l'un repreſente le Feu, &
l'autre la Terre, par M. *Adam l'aîné*, Adjoint à Profeſſeur.

### Sur la Corniche.

Un Buffet, par M. *Huilliot*, Académicien.

Sous la Corniche, troiſiéme Trumeau.

Notre Seigneur guériſſant la belle-mere de S. Pierre,
par M. d'*Ulin*, ancien Profeſſeur.

Plus bas, les Nôces de Thetis & Pelée, où la Difcorde jette entre les Divinitez une Pomme d'or, par M. *Collin de Vermont*, Adjoint Profeffeur.

Au-deffous, & de chaque côté; le Baptême de JESUS-CHRIST, par M. *Maffe*, Académicien.

Le Jugement de Salomon, par M. *Collin de Vermont*.

### QUATRIÉME EMBRASURE,

#### à gauche.

Le Portrait de M. Gautier, Valet de Chambre de Monfeigneur le Duc d'Orléans,

Plus bas, M. Bertin, Secretaire ordinaire de Monfeigneur le Duc d'Orléans, par M. *Geuflain*, Académicien.

Et au-deffous, trois fujets en Gravure, de M. *Cochin*, Académicien.

A droite, M. Moreau repréfentant le Deffein, tenant un Porte-feüille, par M. *Allou*, Académicien.

, Plus bas, M. Poiffon dans fon habit de Crifpin, par M. *Geuflain*, Académicien.

Et au-deffous, trois fujets en Gravure, de M. *Dupuis*, Académicien.

A côté, un Bas relief peint en bronze, par M. *Chardin*, Académicien.

Un Deffein repréfentant Mademoifelle de Clermont en Déeffe des Eaux de la Santé, par M. *Nattier*, Académicien.

### SUR LA CORNICHE.

Le Lyon & le Moucheron, Fable tirée de La Fontaine, par M. *Oudry*, Académicien.

### Quatriéme Trumeau.

Latone qui alaite Apollon & Diane, par M. *Lamy*, Académicien.

Plus bas, un Loup pris au piege, par M. *Oudry*.

Au-deſſous & de chaque côté, la Naiſſance de Venus, par M. *Delobel*, Académicien.

Ixion foudroyé par Jupiter, par M. *Boiſot*, Académicien.

### Cinquiéme embrasure.

A gauche, M. Deſchamps en Géomêtre, par M. *Allou*, Académicien.

Plus bas, Vertumne & Pomone, par M. *Le Clerc*, ancien Profeſſeur.

Et au-deſſous, ſept ſujets en Gravure, par M. *Surugue*, Académicien.

A droite, M. Lemoyne, Sculpteur ordinaire du Roy, avec les Attributs de la Sculpture, par M. *Allou*, Académicien.

Plus bas, Zephire & Flore, par M. *Le Clerc*, ancien Profeſſeur.

Et au-deſſous, Leda, & Jupiter transformé en Cigne, par M. *Caʒes*, Adjoint à Recteur.

Et plus bas, quatre ſujets en Gravure, de M. *Thomaſſin*, Académicien.

Les Pélerins d'Emaüs, d'après *Paul Veroneſe*.

La Mélancolie du Fetis, d'après un Tableau du Cabinet du Roy.

Une Vierge d'après M. *De Troyes*.

M. Thierry d'après M. *de Largilliere*.

Au-deffous, quatre Portraits en Mignature dans un cadre, par M. *Drouais*, Académicien.

Et à côté, des Médailles, & des Modéles de têtes en cire d'après nature, par M. *Du Vivier*, Académicien.

### Dans l'encoigneure.

Le Portrait de M. Mercier, Maître Ecrivain, par M. *Allou*, Académicien.

Deux Tableaux de Ruines & Antiquitez, par M. *Servandoni*, Académicien.

### Sur l'escalier en montant.

A gauche, deux Colations.

Une Servante qui récure de la Vaiffelle d'argent.

Deux Servantes revenant du marché, par M. *Bouys*, Confeiller de l'Académie.

M. le Chevalier Domergue, en pied, par M. *Allou*, Académicien.

Des Anachoretes en prieres.

Un fujet allegorique fur la Paix, dont voici l'explication. La France fur le fein de laquelle repofe la Victoire, voit avec joye defcendre du Ciel la Paix, que la Sageffe lui procure ; la Difcorde y paroît enchaînée à la porte du Temple de Janus, & la Renommée annonce à l'Univers le glorieux évenement du Regne de Loüis XV, par M. *Dandré Bardon*, Adjoint Profeffeur.

Un Payfage avec des Bergers & des Troupeaux, par M. *Allegrain*, Académicien.

Une Bataille de Cuiraffiers faifant le coup de piftolet, par M. *Parocel*, Confeiller de l'Académie.

Deux Déjeûnez, l'un gras, & l'autre maigre, par M. *Defportes le Pere*.

Omiffion à la deuxiéme Croifée.

Un Cadre qui contient plufieurs Modéles en cire; fçavoir, un du Roy, nouveau fait; de Monfeigneur le Comte de Clermont; de Monfeigneur le Cardinal de Fleury; de l'Ambaffadeur de la Porte; & quelques Têtes empreintes de Particuliers, & revers de médailles, par M. *Roettiers*, Graveur General des Monnoyes, Académicien.

Autre Omiffion à la quatriéme Croifée.

Quatre fujets gravez d'après differens Maîtres, par M. *de Larmeffin*, Académicien.

Le tout décoré par les foins de M. *Stiémar*, Académicien.

---

## ADDITION DES OUVRAGES

*de Meffieurs les Agréez de l'Académie.*

### Première & Deuxiéme Croisée.

Le Bufte en marbre de Monfeigneur le Cardinal de Polignac.

Deux Modéles en terre cuite, repréfentant des Athletes qui domptent, l'un un Lion, & l'autre un Ours; ce dernier a été executé en pierre à Gros-Bois.

Un autre Modéle en terre cuite, repréfentant un Enfant affis.

Les Fêtes de Palès, celebrées chez les Romains par les Gens de la Campagne, pour honorer cette Déeffe, & luy demander la confervation des Troupeaux; Deffein à la Sanguine.

Les Fêtes Lupercales; elles étoient en ufage à Rome dès le temps de fa fondation; on les celebroit à l'honneur du Dieu Pan : Deux jeunes Gens armez de courroyes prifes dans la peau des Victimes, courroient nuds par la Ville & en frapoient toutes les femmes qu'ils rencontroient, dans la confiance qu'elles deviendroient fécondes; Deffein à la Sanguine.

Les Vendanges celebrées dans les Campagnes d'Athenes, mifes en grand, d'après la fameufe Cornaline antique qui eft au Cabinet du Roy, connûe fous le nom de Cachet de Michel Ange.

Une Tête de Vieillard plus grande que nature, à la Sanguine.

Deux autres Têtes auffi plus grandes que nature, des Enfans de M. Mariette; l'une d'un Enfant qui rit, & l'autre d'une petite fille en bagnolette, à la Sanguine; le tout par M. *Edme Bouchardon*.

Deuxiéme croisée.

Un Modéle de terre cuite, repréfentant une Nymphe couchée.

Un autre Modéle en terre cuite, repréfentant une tête de Veftale couronnée de fleurs, par M. *Le Moyne le fils*.

Cinquiéme croisée.

Deux Portraits en Bufte de terre cuite. Au milieu. un Chrift attaché à la Colonne, en plâtre.

Un Enfant en terre cuite, dormant fur un oreiller, par M. *Francin*.

Même Croifée.

Minerve qui enfeigne & couronne les Arts, par M. *Verbeck*.

Deuxiéme & troisiéme croisée.

Un bas Relief, repréfentant Sainte Victoire Vierge & Martyre, pour un Autel de la Chapelle du Roy à Verfailles.

Une Figure en pied de terre cuite, repréfentant une Clytie, par M. *Adam le jeune*.

Deuxiéme & Troisiéme Croisée.

Louis XV. en pied, peint en bronze. Un Groupe de Renaud & Armide, auffi en bronze. Une Flore en terre cuite.

Deux Groupes d'Andromede & de l'Education de l'Amour fur la même Selle, en terre cuite, par M. *La Datte*.

Sur la face à Droite de l'Efcalier à côté de Madame de Montmartel.

Deux Portraits en Paftel, par M. *De la Tour*, l'un repréfentant Madame Boucher, & l'autre celui de l'Auteur qui rit.

A la Porte de la grande Face.

Deux fujets en gravûre d'après Tenieres, par M. *Le Bas*, graveur.

## ARREST DU CONSEIL D'ESTAT DU ROY

*Portant Privilege à l'Académie Royale de Peinture
& de Sculpture, & aux Académiciens, de faire imprimer & graver leurs Ouvrages; avec défenses à tous
Imprimeurs, Graveurs ou autres personnes, excepté
celui qui aura été choisi par ladite Académie d'imprimer, graver ou contrefaire, vendre des Exemplaires contrefaits, à peine de trois mille livres d'amende,
confiscation de tous les Exemplaires contrefaits,
Presses, Caracteres, Planches gravées, & autres usten-
siles qui auront servi à les imprimer, &c.*
Du 28 Juin 1714.

## EXTRAIT DES REGISTRES DU CONSEIL
## D'ESTAT.

Sur ce qui a été representé au Roy, étant en son
Conseil, par son Académie Royale de Peinture &
Sculpture, que depuis qu'il a plû à Sa Majesté donner
à ladite Académie des marques de son affection, Elle
s'est appliquée avec soin à cultiver de plus en plus les
beaux Arts, qui ont toujours fait l'objet de ses exer-
cices; & comme la fin que Sa Majesté s'est proposée
dans l'établissement de ladite Académie, composée des
plus habiles du Royaume, a été non seulement que la
Jeunesse profitât des instructions qui se donnent jour-
nellement dans l'Ecole du Modéle, des Leçons de
Geometrie, Perspective & Anatomie, & à la vûë des
Ouvrages qui y sont proposez pour servir d'exemples;
mais encore que le Public fût informé du progrès
qu'y font les Arts du Dessein, de la Peinture & Sculpture, en luy faisant part des Discours, Conferences &
Descriptions qui pourroient le luy faire connoître,
principalement en multipliant par la gravûre & im-
pression les beaux Ouvrages de ladite Académie
Royale, afin de les conserver à la postérité, unique
moyen de perfectionner les Arts, & d'exciter de plus
en plus l'émulation. A CES CAUSES, Sa Majesté désirant
donner à sadite Académie, & à tous ceux qui la com-
posent, toutes les facilitez & les moyens qui peuvent
contribuer à rendre leurs travaux utiles au Public: LE
ROY ÉTANT EN SON CONSEIL, a permis & accordé à la

dite Académie, de faire imprimer & graver les Defcriptions, Memoires, Conferences, Explications, Recher-
ches & Obfervations qui ont été & pourront être faites
dans les Affemblées de l'Académie Royale de Peinture
& Sculpture; comme auffi les Ouvrages de gravûre en
taille-douce ou autrement, & generalement tout ce que
ladite Académie voudra faire paroître fous fon nom,
foit en Eftampes ou en impreffions, lorfqu'après avoir
examiné & approuvé lefdits Ouvrages de chacun des
Particuliers qui la compofent, Elle les aura jugez di-
gnes d'être mis au jour, fuivant & conformément aux
Statuts & Réglemens de ladite Académie; faifant Sa
Majefté très-expreffes inhibitions & défenfes à tous
Imprimeurs, Libraires, Graveurs & autres perfonnes
de quelque qualité & condition qu'elles foient, excepté
celui qui aura été choifi par ladite Académie, d'imprimer ou faire imprimer, graver ou contrefaire aucuns
Memoires, Defcriptions, Conferences & autres Ouvrages gravez ou imprimez concernant ou émanez de
la fufdite Académie, ni d'en vendre des Exemplaires
contrefaits en nulle maniere que ce foit, ny fous quelques prétextes que ce puiffe être, fans la permiffion
expreffe & par écrit de ladite Académie, à peine contre
chacun des Contrevenans de trois mil livres d'amende,
confifcation, tant de tous les Exemplaires contrefaits,
que des Preffes, Caracteres, Planches gravées, & autres
uftenfiles qui auront fervi à les imprimer & contrefaire, & de tous dépens, dommages & interêts. Veut
Sa Majefté, que le prefent Arrêt foit executé dans fon
entier; & en cas de contravention, Sa Majefté s'en
referve la connoiffance & à fon Confeil, & icelle inter-
dit à tous autres Juges. Fait au Confeil d'Etat du Roy,
Sa Majesté y étant : tenu à Marly le vingt huit Juin
mil fept cent quatorze. *Signé*, Phelypeaux.

Louis par la grace de Dieu Roy de France & de
Navarre. Au premier notre Huiffier ou Sergent fur ce
requis, Nous te mandons & commandons par ces Pre-
fentes fignées de notre main, que l'Arreft dont l'Ex-
trait eft cy-attaché fous le contre-fcel de notre Chan-
cellerie, ce jourd'hui donné en notre Confeil d'Etat,
Nous y étant, tu fignifies à tous qu'il appartiendra, à
ce qu'ils n'en ignorent, & faffes pour fon entiere exe-
cution tous Actes & Exploits neceffaires, fans demander autre permiffion : Car tel eft notre plaifir. Donné

à Marly le vingt-huitieme Juin, l'an de grace mil fept cent quatorze, & de notre Regne le foixante-douzieme. *Signé*, Louis. *Et plus bas :* Par le Roy, PHELYPEAUX.

*L'an mil fept cent quatorze, l'onziéme jour de Septembre, à la requête de l'Académie Royale de Peinture & Sculpture, établie par Sa Majefté dans fon Louvre à Paris; J'ay Pierre Colin Huiffier Audiencier aux Requetes du Palais, demeurant rue de la Juiverie, Paroiffe S. Germain le Viel, fouffigné, fignifié & laiffé copie imprimée du prefent Arrêt du Confeil d'Etat du Roy, & Commiffion fur icelui obtenu aux fins y contenues, au fieur Charles Robuftel, Syndic de la Communauté des Imprimeurs & Libraires de Paris, en leur Bureau & Chambre fyndicale, rue des Mathurins, en parlant à fa perfonne, & ce tant pour luy que pour les autres Imprimeurs & Libraires, à ce qu'ils n'en ignorent, ait à y fatisfaire, & faire fçavoir à la Communauté; &c.* Signé, COLIN, avec Paraphe. *Contrôlé à Paris le* 13. *Septembre* 1714. R. 45. *fol.* 72. Signé, PONTAINT, avec paraphe.

> *Collationné aux Originaux par Nous Confeiller - Secretaire du Roy, Maifon, Couronne de France & de fes Finances.*
>
> *Signé,* LAUTHIER.

En confequence du prefent Arrêt, l'Académie Royale de Peinture & de Sculpture, a choifi le fieur Collombat, Imprimeur des Bâtimens du Roy, pour faire fes Impreffions, ce jourd'hui vingt-fept Octobre mil fept cent quatorze. Signé, COYPEL, DE LA FOSSE, & DE BOULLONGNE. TAVERNIER, *Secretaire.*

www.ingramcontent.com/pod-product-compliance
Lightning Source LLC
LaVergne TN
LVHW010435060726
842526LV00005B/1810